Pe. GERVÁSIO FABRI DOS ANJOS, C.Ss.R.

CATECISMO
E
ORAÇÃO

SANTUÁRIO

Imprimatur:

†Aloísio Card. Lorscheider
Aparecida, 5/9/97

1ª impressão: 1998

Ilustração de Mara Salgado

ISBN 85-7200-535-8

26ª impressão

Todos os direitos reservados à **EDITORA SANTUÁRIO** – 2025

 Rua Pe. Claro Monteiro, 342 – 12570-045 – Aparecida-SP
Tel.: 12 3104-2000 – Televendas: 0800 0 16 00 04
www.editorasantuario.com.br
vendas@editorasantuario.com.br

Apresentação

Muitas coisas na vida se aprendem aos poucos, e não é de uma vez, mas repetindo, experimentando. É por isso que a vida é chamada de a mais sábia de todas as professoras.

Na religião também é assim. Tudo tem um começo. Com o correr do tempo, a vida cristã, em Comunidade, vai ensinando e descobrindo para nós os ensinamentos de Jesus, não apenas como ideias maravilhosas, mas como Caminho, Verdade e Vida.

Este pequeno "Catecismo e Oração" deseja ajudar quem está começando a caminhada. Não pretende ser complicado, pode até ser incompleto por excesso de simplicidade. Mas é um começo!

Jesus disse que o Reino de Deus é como a semente que brota e cresce sem ser percebida. É importante que nosso coração seja bom, como deve ser a terra para uma planta. "Quem semeia a boa semente é o Filho de Deus" (Mt 13,37). Observe que Jesus fala de "boa semente"! Espero que este "Catecismo e Oração" seja tudo isso para sua casa, sua família, seus filhos.

Catequese inicial

JESUS CRISTO

Jesus Cristo é o Filho de Deus que se fez homem para nos salvar.

Jesus disse de si mesmo

Jesus disse que ele é verdadeiro Deus e verdadeiro homem, igual a nós.

> **JESUS É:**
> *a luz do mundo: Jo 8,12*
> *o caminho, a verdade,*
> *a vida: Jo 14,6*
> *o Bom Pastor: Jo 10,11*
> *o pão da vida: Jo 6,35*
> *a ressurreição e a vida: Jo 11,25*
> *a fonte de água viva: Jo 4,14*

Jesus veio para nos salvar

Jesus Cristo, depois de ensinar o verdadeiro caminho que leva a Deus, morreu pregado na cruz e ressuscitou ao terceiro dia.

A mãe de Jesus Cristo na terra (Lc 1,26-38)

A mãe de Jesus foi Maria. São José foi o seu pai de criação e eles moravam na cidade de Nazaré.(Lc 2,1-20)

MARIA É MÃE DE DEUS

Deus escolheu Maria para ser a mãe de Jesus e Jesus é Deus. Por isso nós católicos temos grande amor, veneração e respeito por ela. (Lc 1,35)

Maria é nossa mãe

Maria é nossa mãe espiritual porque nós somos irmãos de Jesus Cristo, pela graça.

Quando Jesus assumiu a humanidade por meio de Maria, com ele nasceram todos os redimidos. Na cruz, Jesus confirmou sua Mãe como nossa mãe (Jo 19,26).

SER CRISTÃO

Ser cristão é ser batizado e seguir o que Jesus Cristo ensinou. (Mt 7,21-28,19)

5

OS ENSINAMENTOS DE JESUS

Jesus ensinou aos homens o caminho do céu, como viver unidos com Deus e querer bem a todas as pessoas.

Os principais ensinamentos de Jesus

Jesus ensinou a amar a Deus de coração e ao próximo como a nós mesmos.

Deus é Pai, o criador de tudo que existe, e nos ama muito. Todos nós somos filhos de Deus. Tudo que fazemos ao próximo é a ele que fazemos. Ensinou a conversar com Deus (rezar) e perdoar a quem nos ofende. Procurar ser perfeito como o Pai do céu. (Mt 5-7)

Jesus ensinou sobre Deus

Jesus ensinou que há um só Deus em três pessoas: Pai, Filho e Espírito Santo. É o mistério da Santíssima Trindade. (Mt 28,19)

DEUS

Deus é o nosso bom Pai do céu que fez tudo o que existe. (Gn 1,10)

Onde está Deus

Deus está no céu, na terra, em toda parte.

Deus gosta de nós

Deus gosta muito de nós. Por isso ele fez e nos entregou o mundo. Ele nos criou para vivermos unidos sempre a ele, na sua amizade. (Jo 3,16)

Que fazer quando ofendemos a Deus

Devemos rezar pedindo desculpas a Deus e pedindo sua ajuda para nao mais o otender (essa oração chama-se "ato de contrição"). A confissão também é um meio para nos reconciliarmos com Deus. (1Jo 2,1-2)

O PECADO

O pecado é tudo o que fazemos por nossa livre escolha, e que prejudica a vida dos outros e a nossa própria vida. (1Jo 1,5-10)

O pecado diminui a amizade com Deus

Se desobedeço a Deus, sabendo e querendo, em coisa grande, cometo um pecado mortal, o qual pode me afastar de Deus.

Se desobedeço a Deus em coisa pequena, cometo um pecado venial, que diminui minha amizade com ele. (1Jo 3,4-10)

A FAMÍLIA DE DEUS

A grande família de Deus chama-se Igreja. (Ef 4,4-6)

A Igreja de Jesus

Jesus está vivo e continua no meio de nós. A Igreja somos nós, unidos em Jesus Cristo e anunciando que acreditamos nele. Nessa família, Comunidade, rezamos com ele e procuramos viver como ele nos ensinou. (Jo 15,1-8)

Para pertencer à Igreja de Jesus é preciso

- Acreditar em Jesus.
- Ser batizado.
- Seguir os seus ensinamentos.
- Participar da Comunidade. (Jo 17,1-20)

A organização da Igreja de Jesus (Ef 2,20)

O centro da Igreja é Jesus. As autoridades na Igreja — o Papa sucessor de São Pedro, os Bispos, os Sacerdotes, os ministros e animadores da Comunidade — estão a serviço dos irmãos.(Mt 16,18)

Chamados a servir na Igreja de Jesus

Todos os cristãos devem ajudar a Igreja e principalmente anunciar o nome de Jesus a quem não o conhece. Não podem ter vergonha de ser cristãos em sua vida, em sua família, em seu trabalho, em qualquer lugar. (Mt 10,32-33)

A ORAÇÃO (Lc 18,1)

A oração é uma conversa com Deus.

A oração que Jesus nos ensinou

Jesus ensinou-nos a rezar a oração do "Pai--nosso". (Mt 6,9-13)

O cristão reza durante o dia

- É bom rezar sempre, como ensinou Jesus.
- É bom rezar de manhã ao levantar-se.
- Antes das refeições.
- De noite ao deitar-se.
- Rezar com a Comunidade no Dia do Senhor.

JESUS NOS AJUDA NESTA VIDA

Jesus ajuda-nos com a sua graça, principalmente por meio dos sacramentos.
(Hb 4,16)

OS SACRAMENTOS

Os sacramentos são sete:

1. Batismo
2. Crisma ou Confirmação
3. Eucaristia ou Comunhão
4. Confissão
5. Unção dos enfermos
6. Ordem
7. Matrimônio

O BATISMO (Mt 28,16)

O Batismo é o sinal do novo nascimento e da nova vida que começamos em Jesus, na sua Igreja. (Jo 3,2-5)

O Batismo realiza em nós (Tt 3,4-7)

O Batismo purifica-nos de todos os pecados; torna-nos templo do Espírito Santo; une-nos com a pessoa de Jesus; unidos com Jesus, fazemos parte da sua Igreja.

A vida nova plantada em nós pelo Batismo precisa ser desenvolvida e cultivada durante toda a vida.

A CRISMA (At 8,14-17)

Crisma ou Confirmação é o sacramento que aperfeiçoa as graças do Batismo:

- viver como filho de Deus;
- acolher o Espírito Santo de Deus;
- estar mais unido com a pessoa de Jesus Cristo;
- pertencer mais à Igreja de Jesus;
- testemunhar a fé em Jesus. (Jo 14,15-17)

A CONFISSÃO (Jo 20,22-23)

Jesus instituiu o sacramento da confissão para perdoar os pecados.

Antes da confissão é preciso

1. Rezar, conversando com Deus sobre nossa vida.
2. Lembrar-se dos pecados que diminuíram nossa amizade com Deus.
3. Pedir desculpas e ajuda para não mais ofender a Deus. (Rezando o "Ato de Contrição".)

Confessando-se com o padre

Dizer ao padre quanto tempo, mais ou menos, que não se confessa e logo em seguida contar os pecados de que se lembra. (Mt 16,18-19)

Depois da confissão

Rezar e agradecer a Deus o perdão recebido por meio de Jesus, fazendo o que foi pedido pelo padre.

A EUCARISTIA (Lc 22,19-20)

É a celebração que Jesus mandou os cristãos fazerem, depois de sua morte e ressurreição. Ele tomou o pão e o vinho e disse: "Tomai, comei e bebei... isto é o meu corpo, isto é o meu sangue. Fazei isto para celebrar a minha memória". (1Cor 11,23-24)

A Missa

A celebração criada por Jesus chama-se Missa. Receber a hóstia consagrada, como Jesus mandou, chama-se Comunhão. (Jo 6,57)

Para comungar bem é preciso

• Acreditar na presença de Jesus na Eucaristia.
• Estar com o coração em paz com Deus e com os irmãos.
• Por respeito, guardar o jejum de uma hora.

A adoração da eucaristia

A Igreja ensina que é necessário adoração e muito respeito a Jesus Cristo presente na Hóstia Consagrada. Por isso, rezar diante do Santíssimo Sacramento é um sinal de amor, de fé e de amizade com Jesus, e faz bem para nossa vida cristã.

A UNÇÃO DOS ENFERMOS (Tg 5,14-15)

É um sacramento que consagra a nossa vida a Jesus Cristo quando nos encontramos com uma doença grave ou em idade avançada.

Quando se pode receber a unção dos enfermos

Não é preciso que a pessoa esteja em iminente perigo de vida. Basta que a pessoa esteja com uma doença grave ou tenha sofrido sério acidente ou que já seja idosa (mais de 60 anos).

Quando se deve chamar o padre para a unção

Deve-se chamar o padre depois de ter combinado com o enfermo ou com a família, informando ao sacerdote se ele deseja receber também a Comunhão.

Nossos deveres cristãos para com os enfermos são:

• Chamar o sacerdote logo que possível e não esperar para os últimos momentos de sua vida.
• Quando não houver padre, rezar com ele alguma oração curta e o ato de contrição.
• A visita ao enfermo deve ser breve, alegre, animando-o na fé.
• Providenciar para que ele receba mais vezes a Comunhão.

A ORDEM (Mc 1,16-20)

A Ordem é o sacramento que faz o cristão participar na missão de servir, em nome e na pessoa de Jesus Cristo, à comunidade-Igreja.

O Papa, sucessor de São Pedro, os Bispos e sacerdotes, são ordenados para servir aos irmãos e para representar Cristo no meio deles. (Hb 5,1-4)

O MATRIMÔNIO (Gn 1,27-28)

É a consagração do amor e da união entre o homem e a mulher que buscam ser pais dignos e esposos cristãos. (Ef 5,25-33)

O amor e união do casal

O amor e união de um casal cristão deve ser:
• Verdadeiro, baseado na amizade profunda e não apenas na beleza ou na atração física.
• Sempre fiel, na doação total entre os dois.
• Indissolúvel, união irrevogável e por toda a vida.
• Acolhedor e responsável com os filhos que Deus lhes confiar.

O QUE ACONTECERÁ DEPOIS DE NOSSA MORTE?

(Mt 16,26)

O CÉU (1Jo 3,2)

O céu é a posse definitiva de Deus. Temos um começo do céu já nesta terra, quando vivemos na amizade de Deus e em paz com nossos irmãos. (Jo 14,2-4)

O INFERNO

O inferno é a ausência de Deus, é o ódio eterno contra Deus, contra tudo e contra si mesmo. É a separação e revolta contra o amor e a amizade de Deus.

Quem vai para o inferno?

É muito difícil ir para o inferno. Só mesmo se afasta de Deus quem não é capaz de aceitar sua misericórdia. (Gl 6,7-10)

O PURGATÓRIO

Deus é nosso Pai que sempre nos ama, por isso ele ilumina, purifica e nos prepara para conviver junto dele no céu. Essa purificação chama-se "purgatório".

Purgatório é o encontro decisivo com a misericórdia e com o perdão de Deus. (1Cor 2,7-10)

OS MANDAMENTOS DA LEI DE DEUS (Êx 20,1-17)

Os Mandamentos da Lei de Deus são dez:
1. Amar a Deus de todo o coração.
2. Não tomar seu santo nome em vão.
3. Guardar os domingos e dias santos.
4. Honrar pai e mãe.
5. Não matar.
6. Não pecar contra a castidade.
7. Não roubar.
8. Não levantar falso testemunho.
9. Não desejar a mulher do próximo.
10. Não cobiçar coisas alheias.

PARA SER FIEL A DEUS
ATÉ A MORTE É PRECISO

- Rezar sempre.
- Frequentar os sacramentos.

• Ouvir e praticar a Palavra de Deus nos ensinamentos de Jesus.
• Cultivar sincera devoção a Nossa Senhora.
• Fugir das ocasiões, dos perigos e das tentações de pecar.
• Praticar o bem, seguindo a consciência.
• Viver na comunidade, participando sempre.
• Respeitar os direitos humanos e praticar a justiça.

A BÍBLIA, PALAVRA DE DEUS

A Bíblia é a Palavra de Deus escrita por várias pessoas e seu texto veio da vida do povo. Os livros do Antigo Testamento são 46 e os do Novo Testamento são 27.

A Bíblia fala de Jesus

A vida e os ensinamentos de Jesus foram contados por Mateus, Marcos, Lucas, João: em quatro evangelhos.

Como usar a Bíblia

Devemos *ler, refletir, viver e celebrar* a vida de Deus que a Bíblia desperta em nossa alma. Só ler a Bíblia não basta. É preciso viver e celebrar na Comunidade a Fé em Jesus.

MEDITAR:

2Tm	3,16-17
Cl	2,2-3
Jo	21,24-25
Mt	7,15-20
Tg	1,22-25

Orações principais

SINAL DA CRUZ

Pelo sinal † da santa cruz, livrai-nos Deus † Nosso Senhor, de nossos inimigos †.
Em nome do Pai e do Filho e do Espírito Santo. Amém.

GLÓRIA AO PAI

Glória ao Pai, ao Filho e ao Espírito Santo. Assim como era no princípio, agora e sempre e por todos os séculos dos séculos. Amém.

PAI-NOSSO

Pai nosso, que estais no céu, santificado seja o vosso nome; venha a nós o vosso reino; seja feita a vossa vontade, assim na terra como no céu.

O pão nosso de cada dia nos dai hoje; perdoai-nos as nossas ofensas, assim como nós perdoamos a quem nos tem ofendido e não nos deixeis cair em tentação, mas livrai-nos do mal. Amém.

CREDO

Creio em Deus Pai todo-poderoso, criador do céu e da terra; e em Jesus Cristo seu único Filho, nosso Senhor, que foi concebido pelo poder do Espírito Santo; nasceu da Virgem Maria; padeceu sob Pôncio Pilatos; foi crucificado, morto e sepultado; desceu à mansão dos mortos; ressuscitou ao terceiro dia; subiu aos céus, está sentado à direita de Deus Pai todo-poderoso, donde há de vir a julgar os vivos e os mortos. Creio no Espírito Santo, na santa Igreja católica, na comunhão dos santos, na remissão dos pecados, na ressurreição da carne, na vida eterna. Amém.

AVE-MARIA

Ave, Maria, cheia de graça, o Senhor é convosco; bendita sois vós entre as mulheres e bendito é o fruto do vosso ventre Jesus. Santa Maria, Mãe de Deus, rogai por nós, pecadores, agora e na hora de nossa morte. Amém.

SALVE-RAINHA

Salve, Rainha, Mãe de misericórdia, vida, doçura e esperança nossa, salve! A vós bradamos os degredados filhos de Eva; a vós suspiramos, gemendo e chorando neste vale de lágrimas. Eia, pois, Advogada nossa, esses vossos olhos misericordiosos a nós volvei e depois deste desterro mostrai-nos Jesus, bendito fruto do vosso ventre, ó clemente, ó piedosa, ó doce sempre Virgem Maria.

— Rogai por nós, Santa Mãe de Deus.

— Para que sejamos dignos das promessas de Cristo.

ATO DE FÉ

Ó meu Deus, creio em vós, porque sois a Verdade eterna. Creio em tudo que a Santa Igreja me ensina. Aumentai a minha fé!

ATO DE ESPERANÇA

Ó meu Deus, espero em vós, porque, sendo infinitamente poderoso e misericordioso, sois sempre fiel em vossas promessas. Fortificai a minha esperança!

ATO DE AMOR

Ó meu Deus, eu vos amo de todo o meu coração, porque sois infinitamente bom e amável. Por vosso amor amo também o meu próximo. Inflamai o meu amor.

ATO DE CONTRIÇÃO

Ó meu Deus, eu me arrependo de todos os meus pecados porque com eles ofendi a vós que sois tão bom. Perdoai-me, Senhor, e ajudai-me a não mais pecar. Meu Jesus, misericórdia!

ORAÇÃO AO ANJO DA GUARDA

Santo Anjo do Senhor, meu zeloso guardador, se a ti me confiou a piedade divina, sempre me rege, guarda, governa e ilumina. Amém.

CONSAGRAÇÃO A NOSSA SENHORA

Ó Senhora minha, ó minha Mãe, eu me ofereço todo a vós. Em prova dessa minha devoção para convosco eu vos consagro, neste dia, os meus olhos, os meus ouvidos, a minha boca, meu coração e todo o meu ser. Desta maneira quero ser vosso, bondosa Mãe, guardai-me, defendei-me de todos os perigos como vosso filho. Amém.

ORAÇÃO A NOSSA SENHORA PEDINDO PROTEÇÃO
(Sto. Afonso Maria)

Santíssima Virgem Imaculada, Maria, minha Mãe, a vós que sois a Mãe do meu Senhor, a Rainha do mundo, advogada, esperança, refúgio dos pecadores, recorro hoje eu que sou o mais miserável de todos. *(Pedir a graça de que necessita.)*

Aos vossos pés me prostro e vos agradeço por tudo que me tendes feito, especialmente por me livrar do inferno. Em vós, depois de Jesus, ponho todas as minhas esperanças, toda minha salvação. Aceitai-me por vosso servo e acolhei-me debaixo de vosso manto. Livrai-me de todos os perigos e tentações; de vós espero alcançar uma boa morte.

Bondosa Mãe, não me desampareis enquanto não me virdes salvo no céu e convosco bendizer eternamente nosso Deus. Assim seja.

ORAÇÃO DA MANHÃ

Em nome do Pai, do Filho e do Espírito Santo.
Meu Deus e meu Pai, eu vos louvo e agradeço o novo dia que me dais. Guiai meus passos para o bem e defendei-me de todos os perigos. Tudo que me acontecer, seja para vossa glória. Amém.
Ave, Maria...

ORAÇÃO DA NOITE

Em nome do Pai, do Filho e do Espírito Santo.
Obrigado, meu Deus, por mais esse dia que passou. Perdoai-me minhas faltas, e concedei-me um sono tranquilo para que amanhã eu vos possa servir melhor.
Que o Senhor me abençoe, me guarde e me defenda, em nome do Pai, do Filho e do Espírito Santo. Amém. Ave, Maria...

MISTÉRIOS DO ROSÁRIO

OFERECIMENTO: Divino Jesus, eu vos ofereço este terço que vou rezar contemplando os mistérios de nossa Redenção. Concedei-me, pela intercessão de Maria vossa e minha bondosa Mãe a quem me dirijo, as virtudes que mais necessito e as graças que vos peço *(pedidos)*.

1º Terço: MISTÉRIOS DA ALEGRIA
(2ᵃˢ feiras e sábados)

Primeiro Mistério
(Leitura Bíblica: Lc 1,26-38)

No primeiro mistério contemplamos a anunciação do anjo a Nossa Senhora e aprendemos dela a virtude da humildade.
Pai-nosso, 10 Ave-Marias, Glória ao Pai...
Todos: Ó meu Jesus, perdoai-nos, livrai-nos do fogo do inferno, levai nossas almas todas para o céu e socorrei principalmente as mais necessitadas

Segundo Mistério
(Lc 1,39-56)

No segundo mistério contemplamos a visita de Nossa Senhora a Santa Isabel e aprendemos dela a caridade para com o próximo.
Pai-nosso, 10 Ave-Marias, Glória ao Pai...

Terceiro Mistério
(Lc 2,1-16)

No terceiro mistério contemplamos o nascimento de Jesus em Belém e aprendemos o desapego dos bens terrenos e a confiança na Providência Divina.
Pai-nosso, 10 Ave-Marias, Glória ao Pai...

Quarto Mistério
(Lc 2,22-39)

No quarto mistério contemplamos a apresentação de Jesus no templo e a purificação de Nossa Senhora, e aprendemos a obediência a Deus e a pureza em nossa vida.

Pai-nosso, 10 Ave-Marlas, Glória ao Pai...

Quinto Mistério
(Lc 2,41-52)

No quinto mistério contemplamos o encontro de Jesus no templo e aprendemos a procurar Deus em todos os caminhos da nossa vida e acima de todas as coisas.

Pai-nosso, 10 Ave-Marias, Glória ao Pai...

2º Terço: MISTÉRIOS DA DOR
(3ᵃˢ e 6ᵃˢ feiras)

Primeiro Mistério
(Mt 26,36-46)

No primeiro mistério contemplamos a agonia de Jesus no Jardim das Oliveiras e pedimos a graça da conversão de nossa vida.

Pai-nosso, 10 Ave-Marias, Glória ao Pai...

Segundo Mistério
(Mc 15,12-15)

No segundo mistério contemplamos a flagelação de Jesus e aprendemos a praticar a mortificação dos sentidos e de tudo que nos afasta de Deus.

Pai-nosso, 10 Ave-Marias, Glória ao Pai...

Terceiro Mistério
(Mt 27,27-30)

No terceiro mistério contemplamos a coroação de espinhos de Jesus Cristo e aprendemos a combater nosso orgulho e nosso egoísmo.
Pai-nosso, 10 Ave-Marias, Glória ao Pai...

Quarto Mistério
(Jo 19,17-22)

No quarto mistério contemplamos Jesus carregando a cruz para o calvário e aprendemos a paciência nos sofrimentos, nos contratempos e injustiças da vida.
Pai-nosso, 10 Ave-Marias, Glória ao Pai...

Quinto Mistério
(Jo 19,25-30)

No quinto mistério contemplamos a crucificação e a morte de Jesus e aprendemos a ter amor a Deus acima de tudo e verdadeiro horror ao pecado.
Pai-nosso, 10 Ave-Marias, Glória ao Pai...

3º Terço: MISTÉRIOS DA LUZ
(5ªs feiras)

Primeiro Mistério
(Mc 1,9-11)

Através do Batismo, Jesus assume o compromisso de ser "vida" para todos. O Pai confirma esse compromisso, afirmando que Ele é o Filho amado e envia-

do para essa missão e aprendemos que devemos rezar para que os jovens saibam descobrir sua vocação.
Pai-nosso, 10 Ave-Marias, Glória ao Pai...

Segundo Mistério
(Jo 2,1-12)

Jesus se revela nas Bodas de Caná. Somos chamados a transformar a nossa vida em função da vida para todos, assim como a água foi transformada em vinho. Foi o que fizeram Maria e Jesus para que os noivos e todos na festa ficassem contentes, e aprendemos a nos despertar para a alegria de servir a Deus e aos irmãos.
Pai-nosso, 10 Ave-Marias, Glória ao Pai...

Terceiro Mistério
(Lc 17,20-21)

Jesus anuncia o Reino de Deus. Jesus não só proclama o Reino de Deus, mas afirma que essa boa-nova já se encontra no meio de nós; basta vivê-la e aprendemos a rezar por todos os que se dedicam ao trabalho do Reino de Deus.
Pai-nosso, 10 Ave-Marias, Glória ao Pai...

Quarto Mistério
(Lc 9,28-36)

A transfiguração de Jesus. O coração transparente, sincero, carregado de amor, é fundamental para todos exclamarem: "é muito bom estarmos aqui" e aprendemos a nos despertar para a solidariedade aos menos favorecidos.
Pai-nosso, 10 Ave-Marias, Glória ao Pai...

Quinto Mistério
(Lc 9,10-17)

Jesus institui a Eucaristia na Ceia Pascal. A Eucaristia nos convida a fazermos da vida uma partilha; todos merecem ter o prazer de saciar sua fome e aprendemos a rezar pedindo operários para a messe do Senhor.
Pai-nosso, 10 Ave-Marias, Glória ao Pai...

4º Terço: MISTÉRIOS DA GLÓRIA
(4ªs feiras e domingos)

Primeiro Mistério
(Jo 20,11-18)

No primeiro mistério contemplamos a ressurreição de Jesus Cristo e aprendemos a praticar as virtudes da fé e da confiança em Deus.
Pai-nosso, 10 Ave-Marias, Glória ao Pai...

Segundo Mistério
(At 1,1-11)

No segundo mistério contemplamos a ascensão de Jesus Cristo ao céu e aprendemos a aumentar a esperança e a confiança em Deus.
Pai-nosso, 10 Ave-Marias, Glória ao Pai...

Terceiro Mistério
(At 2,1-13)

No terceiro mistério contemplamos a vinda do Espírito Santo sobre os Apóstolos e aprendemos a rezar sempre pedindo a luz de Deus e a ter zelo pela salvação dos irmãos.

Pai-nosso, 10 Ave-Marias, Glória ao Pai...

Quarto Mistério
(Gn 3,6-15)

No quarto mistério contemplamos a assunção de Maria ao céu e lhe pedimos a graça de uma boa morte.

Pai-nosso, 10 Ave-Marias, Glória ao Pai...

Quinto Mistério
(Ap 12,1)

No quinto mistério contemplamos a coroação de Nossa Senhora como Rainha do céu e da terra e lhe pedimos a graça de perseverar até o fim da vida no amor e na amizade com Deus.

Pai-nosso, 10 Ave-Marias, Glória ao Pai...

AGRADECIMENTO
(para rezar depois de cada terço)

Infinitas graças vos damos, Soberana Rainha, pelos benefícios que todos os dias recebemos de vossas mãos. Dignai-vos, agora e sempre, tomar--nos debaixo do vosso poderoso amparo e livrar--nos de todos os perigos, Virgem Gloriosa e Bendita, por isso vos saudamos com a SALVE, RAINHA...